**Sind die
Menschenrechte
westlich?**

Hans Joas

Sind die Menschenrechte westlich?

Kösel

Für Ulrich Herbert
und Jörn Leonhard

INHALT

DIE GEFAHR

EINES

WESTLICHEN

TRIUMPHALISMUS

Im achtzehnten Jahrhundert verschwand die Folter als legitimes Mittel aus den Rechtssystemen aller europäischen Staaten. Im folgenden, dem neunzehnten Jahrhundert, wurde die Sklaverei in den USA, aber auch in allen anderen Gesellschaften der westlichen Hemisphäre, in denen sie sich zu einer zentralen ökonomischen Institution entwickelt hatte, abgeschafft, zuletzt in Brasilien 1888. Für mich, aber gewiss nicht nur für mich, gehören diese beiden Prozesse zu den wichtigsten Kapiteln in der Geschichte der Menschenrechte. Dies gilt unabhängig davon, ob in der Rhetorik der Zeit der *Begriff* Menschenrechte eine große Rolle spielte oder nicht. An den jahrzehntelangen intellektuellen Auseinandersetzungen und sozialen Kämpfen, die mit beiden Prozessen verbunden waren, wird unmittelbar anschaulich, dass die entsprechenden rechtlichen Veränderungen weit mehr waren als bloße Veränderungen der Gesetzeslage. Es handelte sich vielmehr um grundlegende kulturelle Transformationen, für die ein aufs Rechtliche begrenzter Zugriff zu eng wäre. Um diese kulturellen Transformationen auf den Begriff zu bringen, spreche ich von der »Sakralisierung der Person«[1]. Ich schlage vor, die Menschenrechte und den sie fundierenden Glauben an eine universale Menschenwürde als das Ergebnis eines spezifischen Sakralisierungsprozesses aufzufassen, d.h. eines Wandels, in dem jedes einzelne menschliche Wesen mehr und mehr und in immer stärker motivierender und sensibilisierender Weise als heilig angesehen und dieses Verständnis im Recht institutionalisiert wurde. Dabei hat der Begriff Heiligkeit bzw. Sakralität hier keineswegs eine ausschließlich religiöse Bedeutung; er kennzeichnet vielmehr ganzheitliche, affektiv intensive und Menschen als offensichtlich berechtigt erscheinende Wertbindungen aller, auch säkularer, Art.

Diese Betonung des kulturellen Charakters der Menschenrechtsgeschichte hat allerdings eine eigene Problematik, und mit dieser will ich mich in dieser Schrift beschäftigen. Die unbezweifelbaren Errungenschaften der kulturellen Durchsetzung und rechtlichen Positivierung der Menschenrechte können nämlich selbst für kulturelle Überlegenheitsansprüche herangezogen werden – und dies mit problematischen Konsequenzen. Das gilt *innerhalb* der westlichen Länder, wo die verschiedensten religiösen und antireligiösen Traditionen von sich behaupten, die eigentliche Quelle dieser Errungenschaften zu sein. Die Auseinandersetzungen über die Bedeutung der Aufklärung und der Französischen Revolution für die Menschenrechte oder die Rolle eines protestantischen Kampfes um Religionsfreiheit oder der katholischen spanischen Spätscholastik beziehen daraus ihren Zündstoff. Noch mehr aber stellt sich die genannte Problematik in der Auseinandersetzung mit nicht-westlichen Ländern ein. Diesen werden vom Westen nicht nur Verstöße gegen die Menschenrechte oder deren mangelnde Verankerung im jeweiligen nationalen Rechtssystem vorgeworfen, sondern ihnen wird oft und rasch eine prinzipielle, kulturell bedingte Verständnislosigkeit gegenüber dem, was »wir« (im Westen) mit den Menschenrechten meinen, attestiert. In meiner Sprache heißt das, dass auch die Sakralisierung der Person Mittel der kollektiven Selbstsakralisierung bestimmter Staaten und Staatenbündnisse werden kann.[2] Die Aufgabe, die sich der historischen Forschung zu den Menschenrechten stellt, lautet deshalb, ein Bild auch der kulturellen Wurzeln der Menschenrechte zu erzeugen, das von dieser Gefährdung durch Selbstsakralisierung nicht verformt ist.

Deshalb genügt es nicht, nur die Prozesse der Abschaffung von Folter und Sklaverei in den Blick zu nehmen. Wir brauchen vielmehr ein realistisches Bild auch von den Gründen, warum Folter und Sklaverei so lange als legitim galten und eben nicht abgeschafft wurden. Konkret heißt das, dass zu untersuchen ist, warum gerade einige der angeblich so freiheitsliebenden Völker der nordatlantischen Welt die Sklaverei, bevor sie sie abschafften, in einer Weise systematisierten und effektivierten, wie dies nie vorher geschehen war. Es ist weiterhin zu fragen, wie eigentlich die Geschichte der Folter im weiteren europäischen Machtbereich, d. h. in den Kolonien, verlief, nachdem sie in Europa abgeschafft worden war. Diese und weitere Untersuchungsaufgaben aber zwingen uns, den Horizont über die Zeit der Menschenrechtsgeschichte im engeren Sinn, d. h. seit dem späten achtzehnten Jahrhundert, hinaus auszuweiten. Unbezweifelbar gingen den rechtlichen Institutionalisierungen ja religiöse und philosophische Ethiken voraus, die bereits Respekt vor jeder Person, wer sie auch sei, lehrten. Wie aber verhielten sich diese Ethiken zu Sklaverei und Folter?

Wie ist überhaupt das Verhältnis solcher Ethiken zur Rechtsentwicklung zu denken? Gab es solche Ethiken nur in den Quellen der westlichen Kultur- und Rechtstradition? Wie »westlich« ist das moderne Menschenrechtsregime, das sein klassisches Dokument in der »Allgemeinen Erklärung der Menschenrechte« von 1948 hat, und wie »westlich« ist die Ethik, die dieses internationale Recht philosophisch fundiert? Ohne diese Fragen ausschöpfen zu können, möchte ich hier einige pointierte Antworten auf sie geben.

In der Geschichtsschreibung zu den Menschenrechten ist vieles umstritten, darunter schon, seit wann mit guten Gründen überhaupt von diesen zu sprechen ist. Ich selbst habe die Menschenrechtserklärungen des späten achtzehnten Jahrhunderts in der Französischen Revolution und – chronologisch früher und von inspirierender Wirkung auch für die Franzosen – im Kontext der amerikanischen Revolution zum Ausgangspunkt meiner Darstellung genommen. Eine Gruppe jüngerer deutscher und amerikanischer Historiker[3], die die Forschung zur Menschenrechtsgeschichte in der zweiten Hälfte des zwanzigsten Jahrhunderts entscheidend vorangetrieben hat, fasst dagegen erst die Zeit nach 1948 oder vielleicht sogar erst seit den 1970er-Jahren, z.B. seit der Helsinki-Konferenz von 1975, als eigentliche Menschenrechtsgeschichte auf. Andere – vor allem Philosophen und Theologen – wiederum beharren darauf, dass diese Geschichte schon vor zwei- bis zweieinhalbtausend Jahren begann, und kritisieren entsprechend meine Beschränkung auf die Zeit seit 1776 oder 1789. Sie verweisen z.B. auf die christliche oder, wie sie häufig sagen, jüdisch-christliche Tradition oder auf Platon und die antike griechische Philosophie, im Sinne etwa der Vorstellung, dass die Seele jedes menschlichen Wesens der Seele des Kosmos entspreche. Dieser Einwand kann in mildem Ton vorgebracht werden, durchaus in Akzeptanz der Tatsache, dass jede Erzählung immer an einem bestimmten Punkt einsetzen muss, der natürlich selbst wiederum eine Vorgeschichte hat. Er kann aber auch höchst polemisch geäußert werden, als würde mit meinem Vorgehen jede Spur von moralischem Universalismus in der älteren Geschichte geleugnet.

DAS ZEITALTER DER TRANS-ZENDENZ UND SEINE FOLGEN

Vielleicht darf ich an dieser Stelle in ganz persönlichen Worten sprechen. Diese Kritik überraschte mich schon allein deswegen, weil ich bereits in einer früheren Publikation ein ganzes Kapitel den christlichen Ideen vom Menschen als Ebenbild oder als Kind Gottes gewidmet hatte – nicht als Wurzeln der Menschenrechte freilich, sondern als Elementen der Versuche von christlichen Verteidigern der Menschenrechte, gegenüber den christlichen Gegnern der Menschenrechte, etwa dem Verdammungsurteil von Papst Pius VI. im Jahr 1791, nachzuweisen, dass ihre Haltung mit dem Kern ihrer religiösen Tradition übereinstimmt. Dieser Einwand kam für mich überraschend auch deshalb, weil die Forschung zur sogenannten Achsenzeit (800–200 v. Chr.), auf die alle großen religiösen und philosophischen Traditionen der Gegenwart letztlich zurückgehen und in der ein moralischer Universalismus erstmals artikuliert wurde, zu meinen Hauptarbeitsgebieten gehört.[4] Nehmen wir diese Forschungen allerdings ernst, dann sehen wir, dass in der Tat Proklamationen der Sakralität der Person sich schon in dieser Zeit finden – aber eben nicht nur in der Bibel oder im antiken Griechenland, auf die sich die westliche Tradition beruft, sondern auch in Indien, wo wichtige religiöse Denker das Atman, den sakralen Kern des Selbst, als identisch mit dem Brahman, der tiefsten Realität des Kosmos, betrachteten. Wir finden die Sakralität der Person auch bei Buddha und in China bei Konfuzius; für beide waren alle Menschen Brüder oder Söhne des Himmels. Es wäre deshalb leicht, diesen Einwand als bloßes Missverständnis zurückzuweisen. Man muss eben, so könnte ich zur Zurückweisung sagen, scharf unterscheiden zwischen der Ebene einer religiösen oder philosophischen Ethik, die individuelle Frömmigkeit und Akte der Menschenliebe inspiriert, und einer Institutionalisierung und Kodifizierung normativer Standards, die in einer solchen Ethik begründet sein mag, aber eben auch auf einer neuen – rechtlichen – Ebene liegt. Ebenso ist zwischen der rechtlichen Institutionalisierung ausschließlich im Recht der einzelnen Staaten und der in Gestalt transnationaler Konventionen und Pakte zu unterscheiden. Die Unterscheidung dieser drei Ebenen ist für das Verständnis meiner Argumentation wesentlich.

Fruchtbarer als die bloße Zurückweisung eines Missverständnisses ist es, diesen Einwand selbst in eine Fragestellung zu verwandeln.[5] Warum blieben die in der Achsenzeit entstandenen Ideen der Sakralität der Person eigentlich häufig als kulturelle Kraft so schwach? Wie müssen wir ihr Schicksal zwischen der Achsenzeit und dem Beginn der rechtlichen Kodifizierung der Menschenrechte im achtzehnten Jahrhundert beschreiben? Hier von einer bloßen dauernden Spannung zwischen Ideal und Wirklichkeit zu sprechen, wäre trivial. Es wäre aber auch naiv und ganz unzureichend, eine Teleologie anzunehmen, eine Art schrittweiser Verwirklichung des Ideals in der Geschichte. Für mich ist noch nicht einmal die Geschichte der Menschenrechte seit dem achtzehnten Jahrhundert in diesem Sinne teleologisch. Prozesse wie diejenigen, die zu den Menschenrechtserklärungen des achtzehnten und des zwanzigsten Jahrhunderts geführt haben oder eben zur Abschaffung der Folter und der Sklaverei, sind nicht Teile eines einzigen kontinuierlich fortschreitenden Sakralisierungsprozesses, sondern stellen meines Erachtens vier unterschiedliche Prozesse dar, die in durchaus kontingenten Beziehungen zueinander stehen. Es ist keineswegs eindeutig, auf welche kulturellen Quellen und welche historischen Vorläufer sich entsprechende Bemühungen jeweils berufen. Die Zusammenhänge zwischen den post-achsenzeitlichen ethischen Lehren und den epochenspezifischen Wirklichkeiten der Achtung vor der Sakralität der Person zu erfassen, das ist eine empirische und theoretische Herausforderung, der wir uns stellen müssen. Und diese Herausforderung betrifft alle unsere kulturellen Traditionen gleichermaßen.

Ich will diesen letzten Punkt zunächst kurz am europäisch-amerikanischen Sklavenhandel illustrieren. Bei der Lektüre der umfangreichen Forschungsliteratur zur Geschichte des Sklavenhandels habe ich einmal begonnen, mir die Namen der Schiffe zu notieren, auf denen die Sklaven von Afrika nach Europa oder Amerika transportiert wurden.[6] Wir sind heute daran gewöhnt, dass Schiffe die Namen der Frauen von Schiffseignern oder Kapitänen tragen. Es ist deshalb nicht überraschend, dass sich auch im Sklavenhandel Schiffsnamen wie »Charming Nancy« oder »Charming Molly« finden. Die katholischen Nationen, die im Sklavenhandel aktiv waren, benutzten stattdessen häufig die Namen von Heiligen. Namen wie »Nossa Senhora da Esperança« (Unsere liebe Frau von der Hoffnung) oder »Heiliger Sebastian« hätten extrem zynisch geklungen, wenn wir uns die Sklaven als vertraut mit dem katholischen Glauben und des Lesens kundig vorstellen würden. Die Briten fingen – später – an, ihre Ziele ganz offen zu benennen. Sie nannten ihre Schiffe z.B. »Fortune« oder »Enterprise«. Die Quäker, die eine beträchtliche Rolle im Sklavenhandel spielten, bevor sie schließlich zu einer wichtigen Quelle und Strömung des sogenannten Abolitionismus, d.h. des Kampfes gegen Sklaverei und Sklavenhandel, wurden, bemannten ein Sklavenhandelsschiff, das sie »Society« nannten, was bekanntlich die Selbstbezeichnung ihrer Religionsgemeinschaft ist (»Society of Friends«). Im Zusammenhang mit der amerikanischen Revolution und der Bewunderung für ihre Führer finden wir den Namen »Monticello«, bekannt als Name der Sklavenplantage Thomas Jeffersons. Von der französischen Aufklärung beeinflusste Sklavenhändler nannten ihre Schiffe »Jean-Jacques« oder »Voltaire«

oder sogar »Liberté«. In der Französischen Revolution kamen Namen wie »Ça ira« auf. An diesen Beispielen lässt sich sehen, dass die Geschichte der Menschenrechte und des Verstoßes gegen sie, die so gern herangezogen wird, um Legitimität für die eigene Tradition zu gewinnen, eine Herausforderung für alle darstellt – und dies umso mehr, je mehr wir sie in wirklich globaler Perspektive zu studieren bereit sind.

Der Satz »Am Anfang war ein Glaube: der Glaube an einen Gott«, mit dem eine neuere einflussreiche »Geschichte des Westens« beginnt[7], wird von der historisch-sozialwissenschaftlichen Achsenzeitforschung infrage gestellt. Diese zeigt vielmehr mehrere weitgehend voneinander unabhängige kulturelle Durchbrüche in Richtung des moralischen Universalismus, nicht nur im antiken Griechenland und Israel also, sondern auch in China, Indien und vielleicht Iran. Auf der Ebene des moralischen Universalismus gab und gibt es eine Pluralität koexistierender und konkurrierender Formen, und die Orientierung am Monotheismus ist keineswegs die einzig mögliche. Zu den religiösen Formen sind in den letzten Jahrhunderten verstärkt säkulare hinzugetreten. Eine Möglichkeit, die gemeinsamen Züge dieser kulturellen Entwicklungen zu charakterisieren, ist es, von einem »Zeitalter der Transzendenz«[8] zu sprechen oder besser, da die Idee der Transzendenz ja nach dieser Zeit nicht wieder verschwand, von einem »Zeitalter der Entstehung der Idee der Transzendenz«. Gemeint ist damit die Tatsache, dass es in jenen Religionen und Philosophien zu einer scharfen quasi-räumlichen Trennung zwischen dem Weltlichen und dem Göttlichen kam und dass Vorstellungen entwickelt wurden, wonach es ein *jenseitiges*, eben *transzendentes* Reich gebe. Während zuvor, im mythischen Zeitalter, das Göttliche *in* der Welt und *Teil* der Welt war, also keine wirkliche Trennung zwischen dem Göttlichen und dem Irdischen stattgefunden hatte und die Geister und Götter direkt beeinflusst und sogar magisch manipuliert werden konnten, weil sie eben Teil der Welt waren oder das Reich der Götter zumindest nicht viel anders funktionierte als die irdische Welt, tat sich mit den neuen Erlösungsreligionen und Philosophien der Achsenzeit eine erhebliche Kluft auf zwischen beiden Sphären. Das Göttliche – so der zentrale Gedanke – ist das Eigentliche, das Wahre, das ganz Andere, dem gegenüber das Irdische nur defizitär sein kann.

Wenn man so denkt, dann macht man nicht nur eine denkerische metaphysische Unterscheidung. Es ergibt sich vielmehr dann eine unerhörte lebenspraktische *Spannung* zwischen dem »Mundanen« (dem Weltlichen) und dem »Transzendenten«, eine Spannung mit erheblichen Konsequenzen für die Gestaltung des Gemeinwesens und auch für die individuelle Lebensführung. Denn mit diesem Gedanken ist beispielsweise eine Art Gotteskönigtum nicht mehr vereinbar. Der Herrscher kann nicht mehr für gottgleich gelten, weil die Götter ja nun einen anderen Ort im Weltganzen haben. Mehr noch, von nun an kann der Herrscher tendenziell gezwungen werden, sich vor den göttlichen oder himmlischen Postulaten zu rechtfertigen. Der Herrscher ist von dieser Welt – und er hat sich vor der wahren jenseitigen Welt zu rechtfertigen. Eine neue Form der (Herrschafts-)Kritik wird möglich, die eine völlig neuartige Dynamik in den historischen Prozess bringt, weil nun immer darauf hingewiesen werden kann, dass der Herrscher den göttlichen Geboten selbst nicht genüge. Gleichzeitig wird es nun auch möglich, in viel radikalerer und verbissenerer Weise über den richtigen Gott oder die richtige Auslegung der göttlichen Gebote zu streiten, was über kurz oder lang zu Konflikten und auch zur Differenzierung zwischen ethnischen und religiösen Kollektiven führen sollte. »Intellektuelle« – Priester, Propheten etc. – spielen nun eine wesentlich wichtigere Rolle als vor der Achsenzeit, weil sie u.a. die schwierige Aufgabe haben, den eigentlich unzugänglichen Willen etwa der Götter zu interpretieren, einen Willen, der nicht mehr so einfach mit irdischen Kategorien zu fassen ist. Mit dem Gedanken der Transzendenz öffnete sich quasi die Geschichte, d.h., es wurden völlig neue Konfliktfelder denkbar. Etwas abstrakter formuliert, ließe sich sagen: Mit dem Gedanken der Transzendenz ist auch der Gedanke der fundamentalen Rekonstruktionsbedürftigkeit weltlicher Ordnung aufgetaucht. Von nun an kann gesellschaftliche Ordnung entlang der göttlichen Vorgaben als veränderungswürdig begriffen werden; erstmals werden auch gezielte Umwälzungen denkmöglich. Das stellt auch eine unerhörte Herausforderung für die moralische Selbstprüfung von Individuen dar. Durch die Wirkungsmächtigkeit von Ideen, die in der Achsenzeit ihren Ursprung haben, ist also eine neue gesellschaftliche Dynamik aufgetreten.

Es ist deshalb nicht überraschend, dass die Vertreter der neuen Religionen und Philosophien zunächst häufig Verfolgung erleiden mussten. Es war nie leicht, ein Prophet zu sein. Buddhas Lehren wurden als Angriff auf die indische Kastenordnung verstanden und aus dem Subkontinent, in dem sie entstanden waren, vertrieben. Wenn Konfuzianer in ihrer Kritik an den Mächtigen im chinesischen Staat zu deutlich wurden, kam es vor, dass sie lebendig begraben wurden. Die Christen, die sich weigerten, am Staatskult des Römischen Reiches teilzunehmen, wurden grausam verfolgt. Doch in den meisten Fällen wurde der enorme ursprüngliche Radikalismus achsenzeitlicher Werte und Glaubensinhalte auch bald gemäßigt und an die gegebenen politischen, sozialen und ökonomischen Bedingungen angepasst. Ohne solche Anpassung hätten diese Traditionen vermutlich gar nicht überlebt. Hätten die frühen Christen radikal gegen Sklaverei Stellung genommen, wären sie sicher an jeder Ausbreitung ihres Glaubens mit Gewalt gehindert worden. Die meistens schrittweise Anpassung der neuen Lehren geschah auf drei Ebenen: auf der Ebene der

Lehren selbst, wo Interpretationen entwickelt wurden, warum das, was grundsätzlich das Gute sei, auf Erden nicht verwirklicht werden könne. In der europäischen christlichen Tradition spielte so etwa das Dogma von der Erbsünde eine wesentliche Rolle bei der Rechtfertigung sozialer Ungleichheit, ebenso wie – später – die Unterscheidung zwischen einem absoluten und einem relativen Naturrecht und die Idee einer Balance zwischen dem Naturrecht und dem ius gentium. Die teilweise Anpassung der achsenzeitlichen Impulse an die Welt fand aber auch auf der Ebene der Institutionen statt, wenn etwa neue Institutionen und soziale Rollen entstanden, die in komplexer Weise eine Balance zwischen transzendenten und irdischen Forderungen zu verwirklichen versuchen. Wiederum in der christlichen Tradition ist hier an die Kirche und an die monastischen Traditionen sowie die Spannungen zwischen ihnen und innerhalb ihrer zu denken. Doch auch diese neuen Institutionen und Rollen waren und sind immer in Gefahr, die Hoffnungen zu enttäuschen, sie verkörperten bereits das Transzendente hier auf Erden. Damit erscheinen sie als bloßer Bestandteil unserer verderbten Welt. Drittens können auch die nach-achsenzeitlichen Religionen zur neuen Quelle der Legitimation für politische Ordnungen werden, zu partikularistischen Religionen in partikularistischen Staaten, sehr oft sogar zu Unterstützern expansionistischer Tendenzen, indem sie diese mit einer universalistisch klingenden missionarischen Ideologie versehen. Gerade gegen die Rolle von Religion bei der Legitimation politischer Herrschaft wenden sich moderne säkulare Formen des moralischen Universalismus, in denen die Kritik an einem unhaltbar gewordenen Verständnis von Transzendenz zu einer Kritik aller Religion weitergetrieben wird, wobei aber der moralische Universalismus gerade beibehalten werden soll.

Die Theoriebildung im Fach Soziologie ist unter dem Druck dieser empirischen Fragestellungen in den letzten Jahren deutlich über die Klassiker der Disziplin hinausgewachsen. Max Weber, der wohl berühmteste dieser Klassiker, hatte in pionierhaften Studien zur »Wirtschaftsethik der Weltreligionen« und zur Soziologie religiöser Gemeinschaften versucht, eine Typologie möglicher Erlösungswege – innerweltlich oder außerweltlich, asketisch oder mystisch – zu entwickeln.[9] Dabei nahm er an, dass der jeweilige Erlösungsweg von den zentralen Annahmen der jeweiligen Weltreligionen vorgeformt sei. Die Gefahr seines Vorgehens war, dass religiöse Traditionen dadurch eindeutiger erscheinen, als sie es in Wirklichkeit sind, und ihre innere Pluralität damit unterschätzt wird. Das Wechselspiel zwischen den transzendenzbezogenen Impulsen und den mundanen Wirklichkeiten ist viel komplexer, als es diese Sichtweise vorgibt, und das trifft sowohl auf die Entwicklung der religiösen Lehren wie der religiösen Institutionen zu. Webers Probleme zeigen sich besonders an seinem – mit Verlaub – völlig unzureichenden

Verständnis des katholischen Christentums, des Konfuzianismus und des Islams.[10] Wichtige, soziologisch denkende Historiker des Christentums (wie Ernst Troeltsch) und des Islams (wie Marshall Hodgson) gingen über die Essenzialisierung der Religionen schon weit hinaus.[11] Der israelische Soziologe Shmuel Eisenstadt hat danach Wesentliches dazu beigetragen, unterschiedliche Dynamiken verschiedener Zivilisationen nicht einfach auf die Religionen selbst zurückzuführen, also nicht dem Katholizismus, Konfuzianismus oder Islam als solchen und möglichen traditionalen oder magischen Überresten in achsenzeitlichen Religionen Modernitätsunfähigkeit zuzuschreiben. Er lenkte die Aufmerksamkeit vielmehr auf die Arten und Weisen, wie die in jeder achsenzeitlichen Religion angelegte Spannung jeweils in bestimmten Kulturen gefasst und aufgelöst wird.[12] Die Kulturen sind eben nicht einfach aus den Religionen abzuleiten. Bei der Ausbildung ihrer Institutionen spielen soziale Strukturen und politi-

36

sche Kämpfe ebenso eine Rolle wie neu gebildete Doktrinen. Bei Eisenstadt ist der Preis für diese partielle Überwindung einer Essenzialisierung der Religionen allerdings eine Essenzialisierung der Zivilisationen. Es ist schon mehrfach bemerkt worden, dass Kolonialismus und Imperialismus in seiner Konzeption multipler Modernitäten und ihrer Genese fast nicht vorkommen.[13] Kulturen sind aber ebenfalls nicht abgeschlossene Universen, sondern vielfältig aufeinander bezogene und in ihren Sinngehalten notwendig über sich selbst hinausweisende Gebilde. Robert Bellah schließlich hat Religions- und Machtsoziologie noch besser miteinander verknüpft; empirisch aber ist sein großes Werk zur Universalgeschichte der Religion nicht über die Achsenzeit selbst hinausgeführt, sondern durch den Tod abgebrochen worden.[14] Ich gebe diese kurzen Hinweise zum Forschungsstand, um den theoretischen Hintergrund für mein Interesse anzudeuten, Sklaverei und Folter, die Geschichte ihrer Rechtfertigung, ihrer Praxis und Institutionalisierung als Sonden zu benutzen, um das genannte Spannungsverhältnis und Wechselspiel in der Geschichte nach der Achsenzeit und in globaler Perspektive zu studieren.

DIE RECHTFERTIGUNG DER SKLAVEREI

Die Sklaverei ist bekanntlich ein in sich äußerst heterogenes Phänomen. Eine wichtige Unterscheidung wurde von dem Althistoriker Moses Finley eingeführt und von vielen, etwa auch Jürgen Osterhammel, aufgenommen.[15] Es geht um den Unterschied zwischen *Gesellschaften mit Sklaven* einerseits (und das heißt, der Mehrzahl der Gesellschaften in der Geschichte der Menschen) und *Sklavenhaltergesellschaften* oder *Sklavengesellschaften* andererseits. Im zweiten Fall geht es um Gesellschaften, in denen Sklaven einen großen Teil der Bevölkerung bilden und von zentraler Bedeutung für den Produktionsprozess sind. Wenn wir uns auf »slave societies« in diesem engeren Sinn beschränken, dann stellen wir fest, dass sie alle zur »westlichen« Tradition zu gehören scheinen. Wir denken dann ans antike Griechenland, an bestimmte Phasen der römischen Geschichte, an Brasilien, die Karibik und die Kolonien oder Staaten im Süden Nordamerikas. Umstritten ist, ob man die Sklaverei in der vom Islam geprägten Welt ebenfalls hierzu rechnen sollte.[16] Zwei Hauptkennzeichen trennen die modernen von den antiken Sklavengesellschaften: die Rolle der Rasse und des Rassismus sowie die Tatsache, dass die Kolonialmächte die Sklavengesellschaften von ihrem Kernland fernhielten – in der Peripherie ihrer Kolonialreiche.

Da diese geografische Distanz es den Europäern leicht macht, ihr Gewissen zu entlasten und ihre eigene Rolle in der Geschichte der Sklaverei zu ignorieren – sie neigen ja dazu, die Bewohner solcher »peripheren Gebiete« nicht mehr als Europäer zu betrachten –, ist es wichtig, zu betonen, dass Sklaverei in diesem Sinn »jede seefahrende europäische Nation, jedes an den Atlantik angrenzende Volk (und einige andere) und jedes Land auf dem amerikanischen Doppelkontinent«[17] betraf.

Keine der hochgeschätzten kulturellen Quellen der angeblichen europäischen Werte bot die Grundlage für einen konsequenten Widerstand gegen Sklaverei oder Versklavung.[18] Platon und Aristoteles als die repräsentativen Denker der griechischen Antike nahmen Sklaverei entweder als gegeben hin – zumindest soweit sie Fremde und nicht Hellenen betraf – oder lieferten sogar eine ausdrückliche Rechtfertigung für sie. Wann immer in späteren Phasen der europäischen Geschichte eine neue »Renaissance« der antiken griechischen oder römischen Kultur stattfand, konnte aus dieser gewiss keine Opposition gegen die Sklaverei abgeleitet werden. Im Gegenteil, wie wir feststellen können, wenn wir lesen, dass sich ein flämischer Diplomat um 1550 darüber beklagte, dass »wir nie die Großartigkeit der Werke der Antike erreichen können«, da »uns die notwendigen Arbeitskräfte dafür fehlen, nämlich die Sklaven«[19]. Wenn wir uns von den »heidnischen« Griechen und Römern weg der Bibel zuwenden, sind wir vielleicht erleichtert, zu erfahren, dass das Gesetz des Moses die Versklavung von Juden verbot, aber erneut ist es ernüchternd, dass zum Besitz von Sklaven aus anderen Völkern ausdrücklich ermutigt wurde. »Nehmt meine Weisungen ernst und zwingt keinen Israeliten zur Sklavenarbeit. Wenn ihr Sklaven und Sklavinnen braucht, könnt ihr sie von euren Nachbarvölkern kaufen [...] Ihr könnt sie für immer als euer Eigentum behalten und auch euren Söhnen vererben; sie müssen nicht freigelassen werden« (Lev 25,43–46). Und obwohl auf dem Papier Juden also nicht von Juden versklavt werden durften und Sklaven nach sechs Jahren freizulassen waren, scheint gegen beide Normen häufig verstoßen worden zu sein. Christentum und Stoa machten zwar die Humanisierung der Sklaverei zu einem ihrer ethischen Ziele, aber eben nicht ihre Abschaffung. Sogar die Entwicklung der modernen »liberalen« politischen

Theorie von Hobbes bis Locke und darüber hinaus produzierte zahlreiche Rechtfertigungen für die Sklaverei. Einige ihrer Vertreter – wie John Locke – investierten persönlich in Sklavenhandelsgesellschaften.

Diese ganze theoretische Entwicklung, die für viele heute den normativen Orientierungspunkt schlechthin für ein freiheitliches historisches Projekt darstellt, fiel zeitlich mit einer ständigen Expansion von Sklavenhandel und Sklaverei zusammen. Zwischen 1787 und 1807 wurden mehr Sklaven von den Vereinigten Staaten importiert als in jeder anderen Zwanzigjahresperiode davor. Die Zahl der Sklaven in den USA stieg zwischen dem Ende der amerikanischen Revolution 1783 und dem Beginn des Bürgerkrieges 1861 auf das Fünffache. Nach dem Ende des Sklavenimports in die USA nahm der Sklavenhandel innerhalb des Landes eine immer größere Bedeutung an. Die Arbeits- und Lebensbedingungen der Sklaven verschlechterten sich, während die ökonomische

Bedeutung der Sklaverei für den entstehenden Industriekapitalismus zunahm. Wer also die Sklaverei für ein vormodernes Relikt in einer sich rapide modernisierenden Welt hält, geht in die Irre. Es scheint allerdings so, als hätten die Ideen über Freiheit in Europa zwar die Europäer selbst vor der Versklavung bewahrt, aber zugleich und paradoxerweise durch die Konzeption uneingeschränkter Eigentumsrechte auch zur Entwicklung und Ausdehnung des Systems der Plantagensklaverei beigetragen.[20]

Wenn Katholiken oder Protestanten hoffen, dass ihre Traditionen der Sklaverei kraftvoller entgegengetreten wären, werden sie ebenfalls enttäuscht. Obwohl es Dokumente päpstlicher Verdammung der Sklaverei gibt, waren diese vor dem neunzehnten Jahrhundert nie ohne Einschränkungen.[21] Meistens galt die Verdammung der Versklavung von Christen oder auch von Indios, aber nicht der »Negros«. Papst Innozenz VIII. verteilte Gefangene als Geschenke an den Klerus –

während eines Konsistoriums 1488 –, und viele Klöster in der Neuen Welt besaßen Sklaven. Wenn einzelne Missionare protestierten, wurden sie in der Regel von ihren Orden gezwungen, die Kolonie zu verlassen und nach Europa zurückzugehen. Von den 1510er-Jahren ab brachten spanische Schiffe, die in Westindien (der Karibik) ankamen, ein Dokument mit, das vor den Indios von einem Notar (in spanischer Sprache) verlesen werden musste. Dieses sogenannte »Requerimiento« »sollte den Indios die Theorie der weltlichen Macht des heiligen Petrus und der Päpste, wie sie […] im dreizehnten Jahrhundert entwickelt worden war, erklären. Die Indios sollten darüber informiert werden, dass der Papst ihr Territorium dem spanischen König […] und seiner Tochter […] zum Geschenk gemacht habe und dass sie diese als ihren Souverän anerkennen sollten. Sie sollten den Missionaren erlauben, Predigten zu halten, und sie sollten in angemessener Zeit in freier Willensentscheidung den katholischen Glauben annehmen.

Wenn sie sich weigerten, die Souveränität der spanischen Monarchie anzuerkennen, dann würde gegen sie Krieg geführt werden. Sie selbst, ihre Frauen und Kinder würden gefangen, versklavt, verkauft oder in anderer Weise verwendet werden.« Als Papst Paul III. begriff, dass die Kirche einen Fehler gemacht hatte, »als sie den Königen von Portugal und Spanien das Recht gewährte, die Territorien der Indios in Amerika kriegerisch zu erobern«, da deutlich wurde, dass es dem Glauben nicht half, wenn er gewaltsam verbreitet wurde, schrieb er 1537 ein apostolisches Breve an den Erzbischof von Toledo und verbot die Versklavung der Indios unter Androhung der Exkommunikation im Falle des Verstoßes. Es schien dabei, als handle der Papst auf der Grundlage eines Edikts Kaiser Karls V. von 1530 und in Übereinstimmung mit diesem. Dabei wusste der Papst nicht, dass der Kaiser 1534 sein Edikt zurückgenommen hatte. Kaiser Karl wandte sich deshalb an den Papst mit dem Ansinnen, nun auch sein

Breve zu annullieren, und der Papst tat das im Jahr 1538. Auf der protestantischen Seite ist das Bild ähnlich. Lange Zeit, bis ins achtzehnte Jahrhundert hinein, gab es zwar oppositionelle Stimmen, aber sie wurden meistens von anderen übertönt und an den Rand gedrängt. Im Jahr 1642 musste die protestantische Synode in Rouen »übermäßig skrupelhafte« Personen tadeln, die es für gesetzeswidrig hielten, wenn protestantische Kaufleute mit Sklaven handelten.[22] Und als einige Baptisten in South Carolina heim nach England schrieben und um Weisung baten, wie sie mit einem Mitbruder ihrer Glaubensgemeinschaft verfahren sollten, der seinen Sklaven kastriert hatte, erhielten sie die Antwort, dass sie doch keine Zwistigkeiten in ihrer Bewegung riskieren sollten wegen »geringfügiger oder gleichgültiger Streitgegenstände«[23].

Es wäre aber ungenügend, nur auf die Bereitschaft der Repräsentanten des christlichen Glaubens hinzuweisen, die erstaunlichsten argumentativen Rechtfertigungen für die Sklaverei zu ersinnen. In Nordamerika trug nämlich das Christentum – und in diesem Fall vornehmlich die anglikanische Variante – wesentlich dazu bei, die ethischen Vorstellungen über das angemessene Verhalten von Pflanzern und Sklaven im Umgang miteinander überhaupt erst zu formen. Die Forschung zur Religionsgeschichte der britischen Kolonien in Nordamerika[24] hat – etwa durch die Auswertung erhaltener Predigttexte – gezeigt, wie stark die Erörterungen der Frage, ob Sklaven getauft werden sollten, von der Angst durchsetzt waren, die Sklaven könnten sich als Christen zur Forderung nach Freilassung ermächtigt fühlen oder doch zumindest zur Inanspruchnahme der Gewissensfreiheit dann, wenn die Befehle eines Sklavenhalters göttlichen Geboten widersprechen. Protestantisches Freiheitspathos und die Bedingungen der Sklaverei mussten zueinander ins Verhältnis gesetzt werden. Einige koloniale Gesetzgeber behalfen sich damit, den Sklaven wegen ihrer »barbarity«, »rudeness«, »weakness and shallowness of their minds« die Fähigkeit, Christ zu werden, pauschal abzusprechen. Damit gerieten sie natürlich in Widerspruch zum Auftrag Jesu, zu allen Völkern der Welt zu gehen, sie zu taufen und zu lehren (Mt 28, 18–20). Andere kamen auf die Idee, ein spezielles Ritual einzuführen, das der Taufzeremonie vorgeschaltet wurde. Dieses bestand darin, die Täuflinge in Anwesenheit ihres Herrn einen Eid ablegen zu lassen, demzufolge sie aus der Taufe keinerlei Anspruch auf Freilassung oder Einschränkung des absoluten Gehorsams ableiten würden. Vielleicht ist die Beobachtung dann nicht überraschend, wie sehr die Predigten durchsetzt sind von Appellen an die Sklaven, ihren Herrn als von Gott eingesetzt zu betrachten und ihm dankbar zu sein dafür, dass er sie immerzu und auch in Krankheit und Alter versorge. Wichtiger noch als solche Moralpredigten war der Beitrag von christlichen Predigern zur rechtlichen Rationalisierung der Sklaverei in

Gestalt der entstehenden Regelungen, die auch den Sklavenhaltern genaue Vorschriften machten. Diese Vorschriften dienten aber kaum jemals der Einschränkung ihrer Verfügungsmacht über die Sklaven, sondern stellten im Gegenteil Sicherungen gegen mögliche Milde und Nachlässigkeit aufseiten der Sklavenhalter dar. Sklaven zu bestrafen war nicht einfach ein Recht der Sklavenhalter, sondern ihre Pflicht. Rebellion musste durch die Tötung der Rebellen, Fluchtversuche mussten – z. B. durch das Abschneiden der Ohren (bei Frauen) oder durch Kastration (bei Männern) – drakonisch bestraft werden. Gegen die Härte der Strafen gab es auch Widerspruch von Pastoren, aber grundsätzlich trifft zu, dass sie zu einer Verrechtlichung beitrugen, die den Sklaven keinerlei Freiheitsspielräume ließ.

Ganz gewiss will ich die oppositionellen Stimmen und den ebenfalls vorhandenen Diskurs gegen die Sklaverei nicht bagatellisieren oder gar ignorieren. Es gab solche Stimmen und solchen

Diskurs, z. B. in der spanischen Spätscholastik und bei den Quäkern, in der Auseinandersetzung mit der modernen Sklaverei. Es gab ihn vereinzelt schon in Auseinandersetzung mit antiken und mittelalterlichen Formen bei patristischen und mittelalterlichen Denkern, und natürlich gab es ihn in der Aufklärung. Mein Punkt ist also nicht, dass es nie ernsthafte Kritik an der Sklaverei gegeben habe, sondern dass Kritik und Widerstand so schwach und inkonsequent waren. Dies aber gilt für alle großen religiösen und philosophischen Traditionen. Ich kann dies hier nicht an allen von ihnen vorführen; andere haben das bezogen auf den Islam, aber auch Hinduismus, Buddhismus und Konfuzianismus getan.[25] Dabei zeigt sich in jeder von ihnen, wie achsenzeitliche Ansprüche und soziale Wirklichkeiten interagieren. Auf deprimierende Weise bestätigt sich, dass es ein unfruchtbares Unterfangen ist, sich darüber zu streiten, ob die Menschenrechte vornehmlich oder gar ausschließlich säkularen oder christlichen Ursprungs seien. Es gibt ein Potenzial für die Sakralisierung der Person in den Ethiken aller religiösen und philosophischen Traditionen, die an den achsenzeitlichen Durchbruch zum moralischen Universalismus anknüpfen. Doch kann dieses Potenzial in allen Traditionen unwirksam bleiben oder stillgestellt werden. »Keine Religion«, schrieb ein französischer Gelehrter (Jacques Jomier), »darf in Sachen Sklaverei den ersten Stein werfen.«[26] Dem ließe sich hinzufügen: und keine Tradition des säkularen Humanismus ist gegen diese oder ähnliche Verfehlungen gefeit. In den französischen Kolonien wurde die Sklaverei zwar 1794 unter dem Eindruck auch der haitischen Revolution abgeschafft, aber von Napoleon wenige Jahre später (1802) erneut bestätigt. An die Stelle der retrospektiven Selbstfeier einer Tradition muss deshalb ein genaues Verständnis treten, wie das oft unwirksame Potenzial mobilisiert werden kann und wann es historisch mobilisiert worden ist, warum etwa die so lange schüchterne

christliche Sklaverei-Kritik an einem bestimmten Punkt zu einer mächtig anschwellenden Bewegung »erweckt« wurde. Wir müssen fragen,
welche Verschiebungen von Interesselagen, auch
welche kognitiven Veränderungen eine Rolle spielen, was die (häufig transnationalen) Bedingungen
für den Erfolg solcher moralischen Bewegungen
sind und ob es ein historisch sich herausbilden-
des Muster für erfolgreiche Mobilisierungen dieser Art gibt.[27]

FOLTER UND KOLONIALISMUS

Das andere große Thema der Menschenrechtsgeschichte hat aus meiner Sicht die Geschichte der Folter zu sein. Dabei sind die Geschichte der Sklaverei und die Geschichte der Folter vielfältig ineinander verwoben. Was immer wir von der Abschaffung der Folter behaupten werden – für die Sklaven trifft der entsprechende Satz nicht zu. Brutale körperliche Strafen, z.B. das Auspeitschen, waren die Regel und nicht die Ausnahme, und dies nicht nur im Falle von Flucht oder Rebellion oder Gewalttaten gegen Aufsichtspersonal und Herren, sondern bei kleinsten Vergehen und als Strafe für die Nichterfüllung des Arbeitssolls. Ein amerikanischer Historiker[28] hat deshalb nahegelegt, auch in unserem Sprachgebrauch die romantisierende Rede von den »Plantagen« zu überwinden und stattdessen von Arbeitslagern mit luxuriösem Wohnsitz für die Profiteure zu sprechen. Angesichts der enormen Bedeutung von Textilien und damit der Baumwolle kann man so weit gehen, der physischen Gewalt gegenüber Sklaven eine Schlüsselrolle für die industrielle Revolution zuzusprechen. Der Bürgerkrieg brachte zwar in den USA das Ende der Sklaverei, aber nicht eines Systems der Zwangsarbeit für meist schwarze Strafgefangene, das man als »neo-slavery« bezeichnet hat.[29] In Gestalt der Lynchjustiz und der weit verbreiteten Polizeifolter im Süden der USA, deren Opfer meist afroamerikanische Häftlinge und Tatverdächtige wurden, finden sich in den USA bis tief in das 20. Jahrhundert hinein paralegale Formen extremster körperlicher Gewalt.[30] Auch nach dem offiziellen Ende der Sklaverei in den Kolonien blieb sie in ihren indigenen Formen häufig bestehen. Die Briten z. B. erwiesen sich als durchaus tolerant hinsichtlich des sogenannten arabischen Sklavenhandels in Ostafrika. Insbesondere in der Phase der Etablierung ihrer Herrschaft – so der Afrika-Historiker Andreas Eckert[31] – konnten die Kolonialherren nicht anders, als mit lokalen Eliten zu kooperieren, die aber eben häufig auch Sklavenbesitzer waren und ohne Duldung ihres Status nicht kooperiert hätten. Die Gesetze gegen Sklaverei und Sklavenhandel blieben deshalb oft kraftlos und folgenlos. Der Kampf gegen Sklaverei konnte selbst zur Begründung für die Ausdehnung der Kolonialreiche dienen – zur ehrlichen Begründung, aber auch zum bloßen Vorwand. Unwiderlegbar ist heute, dass der belgische König den Kampf um die Abschaffung des arabischen Sklavenhandels in der Kongo-Region als bloße Fassade dafür benutzte, dort sein eigenes höchst ausbeuterisches und brutales Zwangsarbeitssystem mit den entsprechenden Maßnahmen gewaltsamer Bestrafung und Unterdrückung einzuführen.[32] Überhaupt war Zwangsarbeit ein integraler Bestandteil kolonialer Herrschaft, der

bis in die Zeit nach dem Zweiten Weltkrieg über-
lebte.[33]

Die ältere Geschichte der Rechtfertigung und
Verrechtlichung der Folter in der europäischen
Kultur oder in allen von achsenzeitlichen Religionen geprägten Kulturen muss hier beiseitegelas-
sen werden.[34] Doch liefert die Einbeziehung der
Geschichte der europäischen Kolonien ein realistisches Bild der Geschichte des europäischen Ver-
hältnisses zur Folter auch nach ihrer offiziellen
Abschaffung in Europa und außerhalb des Kon-
texts totalitärer Herrschaftsordnungen. Bei allem
Stolz auf diese Abschaffung der Folter im achtzehnten Jahrhundert als eines der großen Beweis-
stücke für humanitären Fortschritt dürfen wir
nicht übersehen, welche Rolle die Folter in den
europäischen Kolonien anhaltend spielte und dass
sie in diesen nie abgeschafft wurde. Wie es in
den USA eine Neigung gibt, die Geschichte der
Schwarzen abzuspalten, gibt es in der europäischen Öffentlichkeit – nicht in der Geschichts-

wissenschaft – auch heute noch die Tendenz, die Geschichte des Kolonialismus abzuspalten oder dessen alte Rechtfertigungsmuster wiederzubeleben. Wir müssen aber der Tatsache ins Auge sehen, dass die Errungenschaften der europäischen Freiheits- und Rechtsgeschichte in der Regel für die angestammte Bevölkerung der europäischen Kolonien gerade nicht zur Geltung kamen. Das gilt für den Prozess der Kolonialisierung selbst, der gewiss in den einzelnen Fällen unterschiedlich rasch und unterschiedlich gewaltsam – allerdings nie ohne Gewalt – verlief, aber mancherorts, vor allem wohl auch, wo starker Widerstand vorlag oder es sich um egalitäre bäuerliche Gesellschaften ohne klar erkennbare und fest etablierte Herrschaftsstrukturen handelte, oft mit demonstrativer überwältigender Gewalt betrieben wurde.[35] Für die Aufrechterhaltung der so errungenen Herrschaft gilt ebenso, dass der an sich ja eher schwache koloniale Staat sich wegen seiner Schwäche gerade umso mehr herausgefordert fühlte, mit

Gewalt auf Widerstand und Kontrollverlust zu reagieren. Gewalt war dann – so Dierk Walter[36] – nicht »ultima ratio« wie im europäischen Rechtsstaat, sondern »prima« oder »omnia ratio«. Nicht alle diese Gewalt fällt natürlich unter den Begriff »Folter«. Vergewaltigungen, das Verschwindenlassen von Menschen, Hinrichtungen auf Verdacht oder bei minimalen Vergehen, kollektive Bestrafungen, Vernichtung der Ernte, Zerstörung von Ortschaften, Umsiedlung von Bevölkerung, Beschlagnahmung aller Habe – es gab eine breite Palette kolonialer Gewalt.[37] Die Folter im engeren Sinn wurde keineswegs nur zur Erpressung wichtiger Informationen eingesetzt, sondern als Mittel systematischer Einschüchterung der ganzen Bevölkerung. Als die Franzosen im Jahr 1957 in Algier »Befragungen« dieser Art durchführten, starben weit über 3000 der insgesamt 24 000 solcherart »Befragten« an den Folgen.[38]

Das war im Rahmen des algerischen Unabhängigkeitskampfes. Die Situation in den Kolonien wurde nämlich noch dramatischer, sobald die Kolonialvölker während des Zweiten Weltkriegs und nach diesem begannen, die offiziellen Kriegsziele der Alliierten oder des Westens ernst zu nehmen: Demokratie und Menschenrechte. Zur selben Zeit, als Großbritannien und Frankreich sich für eine kraftvolle Institutionalisierung der Menschenrechte auf europäischer Ebene aktiv einsetzten, ignorierten sie nicht nur diese Standards in ihren Kolonien, sondern bewegten sich dort in ihren Versuchen, antikoloniale Bewegungen niederzuschlagen, in genau entgegengesetzter Richtung. Man hat sogar von einer zweiten kolonialen Invasion in der Zeit nach dem Zweiten Weltkrieg gesprochen.[39] Nach einer langen Zeit, in der diese Ereignisse im kollektiven Gedächtnis ausgelöscht schienen, hat die französische Öffentlichkeit in den letzten Jahren angefangen, über die enorme und systematische Gewalt der französischen Algerienpolitik in den 1950er-Jahren zu debattieren.[40] Als eine Folge der französischen Niederlagen in Indochina, die auf den Einfluss maoistischer Doktrinen zur Guerillakriegführung auf die Vietminh zurückgeführt wurde, begannen die Franzosen, eine neue Doktrin der Bekämpfung von Guerillas zu entwickeln. In Algerien wendeten sie diese an – in Form der Verschleppung von Teilen der Bevölkerung in Flüchtlingslager, der Einrichtung von Zonen uneingeschränkten Schusswaffengebrauchs, der radikalen Einschränkung staatsbürgerlicher Freiheitsrechte und des systematischen Gebrauchs der Folter. All dies geschah durchaus in spezifischen rechtlichen Ordnungen, nicht einfach als Rechtsverstöße von Individuen. Ein paralleler Fall, der in der englischsprachigen Welt mit größerer Intensität erörtert wird, ist die erfolgreiche britische Unterdrückung des sogenannten Mau-Mau-Aufstands in Kenia, bevor dann dort 1963 doch die Erringung der Unabhängigkeit gelang.[41] Hier wandten die Briten das an, was sie aus der Unterdrückung malayischer Guerilla-Bewegungen gelernt hatten. Briten und Franzosen nutzten auch das westliche Militärbündnis, um ihre Erfahrungen im Kampf gegen die Unabhängigkeitsbewegungen zu koordinieren.

Im Sommer letzten Jahres meldeten die Zeitungen, dass sich die gegenwärtige britische Regierung endlich bereit erklärt habe, mehr als 5000 Kenianern, die damals gefoltert worden waren, ein Schmerzensgeld zu zahlen – in Höhe von etwa $ 4000 pro Person! Das ist ein Erfolg für die Opfer, aber man muss sofort hinzufügen, dass sich die britische Regierung weiterhin weigert, für die Handlungen der Kolonialverwaltung haftbar gemacht zu werden, und darauf beharrt, »dass die rechtliche Verantwortung für die Handlungen der Kolonialverwaltung bei deren Rechtsnachfolger liegt, mit anderem Wort bei dem zum Zeitpunkt der Unabhängigkeit etablierten Staatswesen«[42].

1948: KEIN WESTLICHES OKTROI

Ein einfacheres Vorgehen als das hier gewählte hätte sich bei der Beantwortung der Frage, ob die Menschenrechte westlich sind, auf die Zeit um die Entstehung der »Allgemeinen Erklärung der Menschenrechte«, also um 1948 herum, beschränkt. Auch dann wäre die Antwort vielleicht nicht ganz unkontrovers ausgefallen. Weit verbreitet ist ja die Vorstellung, dass es sich bei dieser Erklärung um einen Text handele, der aus »westlichen« Denktraditionen hervorgegangen und dann vor allem von den westlichen Großmächten, insbesondere den USA, durchgesetzt worden sei. Diese Sichtweise kommt sowohl denen gelegen, die ein idealisiertes Bild des Westens verfechten, wie denjenigen, die sich den Zumutungen der Menschenrechte dadurch zu entziehen versuchen, dass sie ihre eigenen kulturellen Traditionen gerade von denen des Westens abgrenzen. Diese Vorstellung lässt sich jedoch auf dem heutigen Stand der Forschung zur Geschichte der Menschenrechte nicht mehr halten. Es ist falsch, die Autorschaft an der Erklärung hauptsächlich dem französischen Juristen René Cassin zuzuschreiben, wie das auch das Nobelpreiskomitee tat, als es ihn für dieses Verdienst im Jahr 1968 mit dem Friedensnobelpreis auszeichnete. Besonders eindrucksvoll war die Rolle, die zwei nicht-europäische Mitglieder der Kommission spielten. Die Rede ist von dem Libanesen Charles Malik und dem Chinesen Peng-chun Chang.[43] Da Malik ein Christ war und in den USA (bei Alfred Whitehead) in Philosophie promoviert hatte, gibt es Stimmen, die ihn dem Westen zuschlagen. Immerhin müssen auch diese einräumen, dass seine Orientierung nicht die eines individualistischen Liberalismus war. Auch der chinesische Koautor hatte in den USA (bei John Dewey) promoviert.

Aber sein Hintergrund war eindeutig die Ethik des Konfuzianismus. Dabei versuchte er keineswegs, Begründungselemente aus seiner spezifisch chinesischen ethischen oder religiösen Tradition in den Text der Erklärung hineinzuschmuggeln. Sein Anliegen war es vielmehr, gerade zu verhindern, dass eine einzelne religiöse Tradition oder eine rationalistisch-areligiöse Position sich zur einzigen Begründung aufspreizen könne. Interessanterweise traf sich diese Haltung mit den Schlüssen, zu denen auch die Gruppe hochrangiger Philosophen gekommen war, die – 1947 von der UNESCO beauftragt – die theoretischen Grundlagen der Menschenrechte erörterte. Auch diese Philosophengruppe setzte, vielleicht überraschend, keineswegs darauf, die Menschenrechte durch eine einzige philosophische Begründung stützen zu wollen. Ihr Sprecher, der katholische französische Philosoph Jacques Maritain, empfahl vielmehr, einen bestimmten »Korpus handlungsorientierender Vorstellungen« zu bejahen, statt ein einheitliches Welt- oder Menschenbild anzustreben.[44] Man kann die »Allgemeine Erklärung der Menschenrechte« deshalb das Resultat eines geglückten Prozesses der »Wertegeneralisierung« nennen, d.h. einer Verständigung zwischen einer Vielfalt von beteiligten Denk- und Kulturtraditionen. Dabei waren die Vertreter des »Westens« sich weder in der Definition ihrer Interessen einig, z.B. in der Kolonialfrage, noch gingen sie von einem einheitlichen Welt- und Menschenbild aus. Einen nicht-westlichen Konsens, der gegen den Westen gerichtet gewesen wäre, gab es erst recht nicht. Die Vorstellung von den Menschenrechten als einem Oktroi des Westens ist deshalb schon auf der intellektuellen Ebene der Argumentation des Erklärungstextes zurückzuweisen.

Auf der politischen Ebene kommt etwas Weiteres hinzu. Zur Vorgeschichte der »Allgemeinen Erklärung« gehört nämlich, dass ohne die Bemühungen nicht-westlicher Akteure aus der alliierten Kriegspropaganda und den von ihr proklamierten

Idealen kein solch wirkungsvolles Dokument hervorgegangen wäre.[45] Zu denken ist hier an lateinamerikanische und asiatische Staaten sowie antikoloniale Bewegungen. Aber auch die Bewegungen der amerikanischen Schwarzen dürfen hier nicht unerwähnt bleiben. Obwohl diese natürlich dem Westen zuzurechnen sind, wäre es unerträgliche Apologetik, gerade den Widerstand gegen Rassismus und Entrechtung im Westen diesem als Verdienst zuzurechnen. Noch wichtiger aber als die Rolle nicht-westlicher Akteure in der Vorgeschichte der Erklärung von 1948 ist ihr entscheidender Beitrag dazu, dass diese Erklärung eben nicht eine folgenlose Deklaration blieb, wohlklingende Formulierungen auf geduldigem Papier, sondern zum Ausgangspunkt späterer Regelungen mit höherer völkerrechtlicher Geltung wurde. Wie insbesondere Jan Eckel ausgezeichnet dargestellt hat[46], boten die nach dem Ende des Zweiten Weltkriegs entstehenden »Menschenrechtssysteme der Vereinten Nationen und des Europarats Ansatzpunkte, symbolische wie auch institutionelle, um koloniale Unterdrückung zu denunzieren. […] Antikolonialisten konnten die europäischen Regierungen beim Wort nehmen und ihre menschenrechtlichen Proklamationen gegen sie wenden. Die Kolonialmächte hingegen sahen sich in dem Dilemma, ihre Herrschaftspraktiken, vorgeblich oder tatsächlich, anpassen zu müssen oder in ihren Wertebekenntnissen unglaubwürdig zu erscheinen.«

Auch hier wäre es allerdings falsch, dem Widerspruch zwischen Idealen und Wirklichkeiten, aus dem sich Argumentationsnöte ergeben, eine übergroße Bedeutung für historische Dynamiken zuzuschreiben. Die Interesselagen der nationalistischen Bewegungen, in den Kolonien ebenso wie der entstehenden postkolonialen Staaten, waren vielfältig, ebenso wie die Kalkulationen der Kolonialmächte, die Haltungen ihrer Bündnispartner und nationalen Öffentlichkeiten. Dem kann hier nicht differenziert nachgegangen werden. Aber die wenigen Bemerkungen mögen genügen, um die Vorstellung zu entkräften, dass wir der Geschichte der Menschenrechte in der zweiten Hälfte des zwanzigsten Jahrhunderts gerecht werden, wenn wir von einem sich hier niederschlagenden »Geist des Westens« oder von einem alleinigen »Verdienst des Westens« reden.

Der kompliziertere Weg durch die Geschichte von Sklaverei und Folter in globaler Perspektive, der hier beschritten wurde, zeigt weit über die Kontingenzen der Nachkriegsgeschichte hinaus, dass die Sakralisierung der Person im rechtlichen Sinne nie die bloße Institutionalisierung eines schon existierenden kulturellen oder religiösen Wertes war, so als hätte ein genetisches Programm nur noch realisiert werden müssen. Es gibt hier keine christliche, keine jüdisch-christliche, keine europäische, keine westliche Teleologie, und obwohl das achtzehnte Jahrhundert einen wichtigen Fortschritt brachte, ist es ebenso wenig möglich, diesen einfach auf das Denken der Aufklärung zurückzuführen.[47] Ich spreche hier vom teleologischen Fehlschluss, der übrigens schon im Begriff des »Westens« angelegt ist. Als geografische Kategorie ist er ja eher unbrauchbar, aber auch sein Wertgehalt ist keineswegs präzise feststellbar. Kulturelle Besonderheiten, institutionelle Charakteristika und sehr stark variierende Abgrenzungen von einem nicht-westlichen Anderen gehen häufig durcheinander, wenn der Begriff des »Westens« als Kampfbegriff verwendet wird.[48] Dieser teleologische Fehlschluss ist oft mit anderen Fehlschlüssen verbunden: dem holistischen Fehlschluss, nämlich der Unterschätzung der internen Widersprüche von religiösen Traditionen; dem literalistischen Fehlschluss, d. h. der Annahme, dass religiöse Normen ihrem Wortlaut entsprechend tatsächlich die kulturellen Praktiken regieren, und dem idealistischen Fehlschluss, der darin besteht, auf der eigenen Seite hauptsächlich das Ideal und auf anderen Seiten vor allem die ernüchternde Wirklichkeit zu sehen. Die Prozesse, die wir als

»Sakralisierung der Person« bezeichnen können, sind alle fragil, wie uns in den letzten Jahren drastisch vor Augen geführt wurde.

Guantanamo und Abu Ghraib sind zu Symbolen dafür geworden, wie rasch unter dem Druck des Wertes »nationale Sicherheit« der Wert der Menschenwürde zurückgedrängt werden kann[49] und welche unseligen Kontinuitäten zur Geschichte von Kolonialismus und Imperialismus hier bestehen. Schon im Algerienkrieg kehrte die Folter auf französische Polizeireviere zurück, und in der Bekämpfung des islamistischen Terrorismus scheint es zu Geheimgefängnissen mit Folterpraktiken auch auf europäischem Boden gekommen zu sein. Mit meinen Ausführungen wollte ich deshalb daran erinnern, dass die Resultate einer produktiven Überwindung unserer Gewaltgeschichte nicht »einen kulturellen Triumphalismus symbolisieren (dürfen), dem zufolge die Menschenrechte wie ein fest gegründeter Besitz erscheinen, der die Überlegenheit der eigenen Kultur unter Beweis stellt«. Auch in der Rede von den »europäischen Werten« höre ich häufig weniger die Herausforderung zur Selbstkritik und mehr den Tonfall sicheren Besitzes. Eine solche Verwendung universalistischer Werte aber ist selbstwidersprüchlich in einer Weise, die der ähnelt, die wir von der »Verwendung des zentralen Leidens- und Opfersymbols der christlichen Kultur, nämlich des Kreuzes, als Kriegs- und Siegeszeichen in Kreuzzügen« her kennen.

ANMERKUNGEN

1 Hans Joas, Die Sakralität der Person. Eine neue Genealogie der Menschenrechte. Berlin 2011 (Taschenbuch-
ausgabe 2015).

2 Zum Begriff der Selbstsakralisierung vgl. Hans Joas,
Sakralisierung und Entsakralisierung. Politische
Herrschaft und religiöse Interpretation, in: Friedrich
Wilhelm Graf / Heinrich Meier (Hg.), Politik und
Religion. Zur Diagnose der Gegenwart. München 2013,
S. 259–286, v. a. S. 269 ff.

3 Samuel Moyn, The Last Utopia. Human Rights in
History. Cambridge, Mass. 2010;
Stefan Ludwig Hoffmann (Hg.), Moralpolitik.
Geschichte der Menschenrechte im 20. Jahrhundert.
Göttingen 2010;
Jan Eckel/Samuel Moyn (Hg.), Moral für die Welt?
Menschenrechtspolitik in den 1970er-Jahren. Göttin-
gen 2012;
Jan Eckel, Die Ambivalenz des Guten. Menschenrechte
in der internationalen Politik seit den 1940ern. Göttin-
gen 2014.

4 Robert N. Bellah / Hans Joas (Hg.), The Axial Age
and its Consequences. Cambridge, Mass. 2011;
Hans Joas, Was ist die Achsenzeit? Eine wissenschaft-
liche Debatte als Diskurs über Transzendenz.
Basel 2014.
Der Begriff »Achsenzeit« wurde von Karl Jaspers ge-
prägt; die Idee ist allerdings, wie Jaspers selbst hervor-

hob, viel älter. Karl Jaspers, Vom Ursprung und Ziel der Geschichte. München 1949.

5   Zur Diskussion über mein Buch zur Geschichte der Menschenrechte sind zwei Bände erschienen, zu denen ich jeweils eine ausführliche Replik beigesteuert habe Dort finden sich auch Hinweise auf weitere kritische Auseinandersetzungen: Bernhard Laux (Hg.), Heiligkeit und Menschenwürde. Hans Joas' neue Genealogie der Menschenrechte im theologischen Gespräch. Freiburg 2013;
Hermann Josef Große Kracht (Hg.), Der moderne Glaube an die Menschenwürde. Philosophie, Soziologie und Theologie im Gespräch mit Hans Joas. Bielefeld 2014.

6   Es gibt auch eine vollständige Datenbasis für die Namen von Sklavenhandelsschiffen (www.slavevoyages.org), aber meine eigene Sammlung entstand zuerst als bloßes Nebenprodukt der Lektüre von Forschungsliteratur.

7   Heinrich August Winkler, Geschichte des Westens. Von den Anfängen in der Antike bis zum 20. Jahrhundert. München 2012, S. 25.

8   So Benjamin Schwartz, The Age of Transcendence, in: Daedalus 104, nr. 2 (1975), S. 1–7.

9   Max Weber, Gesammelte Aufsätze zur Religionssoziologie. 3 Bde. Tübingen 1921; ders., Religiöse Gemeinschaften. (MWGA I, 22.2.) Tübingen 2001.

10 Zur Kritik an Webers Verständnis des katholischen

Christentums siehe Joas, Achsenzeit, a.a.O., S. 26–35
(mit Literaturangaben). Zur Diskussion über Webers
Sicht des Konfuzianismus bzw. des Islams vgl. die
beiden von Wolfgang Schluchter herausgegebenen
Sammelbände »Max Webers Studie über Konfuzianismus und Taoismus« und »Max Webers Sicht des
Islams«, Frankfurt / Main 1983 bzw. 1987.

11 Ernst Troeltsch, Die Soziallehren der christlichen
Kirchen und Gruppen. 2 Bde. Tübingen 1912. Den
Gedanken der schrittweisen Überwindung einer
»Essenzialisierung« des Christentums bei Troeltsch
macht zum Leitfaden einer umfassenden Interpretation:
Lori Pearson, Beyond Essence. Ernst Troeltsch as
Historian and Theorist of Christianity. Cambridge,
Mass. 2008.

12 Beispielhaft: Shmuel N. Eisenstadt, Webers Analyse
des Islams und die Gestalt der islamischen Zivilisation,
in: Wolfgang Schluchter, a.a.O., S. 342–359.

13 Eine vorzügliche kritische Darstellung und Ausein-
andersetzung bei: Wolfgang Knöbl, Spielräume der
Modernisierung. Das Ende der Eindeutigkeit.
Weilerswist 2001, S. 221–261.

14 Robert N. Bellah, Religion in Human Evolution. From
the Paleolithic to the Axial Age. Cambridge, Mass. 2011.

15 Moses Finley, Die Sklaverei in der Antike. München
1981; Jürgen Osterhammel, Sklaverei und die Zivilisation
des Westens. München 2000.

16 Die These von einem »interkontinentalen sklavistischen
    System« in der islamischen Welt vertritt (über)pointiert:
    Egon Flaig, Weltgeschichte der Sklaverei. München
    2009, S. 89–123;
    wesentlich zurückhaltender ist in seinem umfassend
    informierenden Werk: Michael Zeuske, Handbuch
    Geschichte der Sklaverei. Eine Globalgeschichte von
    den Anfängen bis zur Gegenwart. Berlin 2013.

17 Hugh Thomas, The Slave Trade. The Story of the
    Atlantic Slave Trade 1440–1870. New York 1997, S. 11.

18 Für die folgenden Ausführungen sind besonders
    wichtig die Schriften von David Brion Davis, Slavery
    and Human Progress. Oxford 1984;
    ders., The Problem of Slavery in Western Culture.
    Ithaca, N.Y. 1966;
    ders., Inhuman Bondage. The Rise and Fall of Slavery
    in the New World. Oxford 2006.

19 Hugh Thomas, a.a.O., S. 113.

20 Auf die Paradoxie dieses Zusammenhangs hat mich
    Wolfgang Reinhard aufmerksam gemacht. Ihm ver-
    danke ich den Hinweis auf einen Aufsatz, der dies
    besonders deutlich macht: David Eltis, Europeans and
    the Rise and Fall of Slavery in the Americas. An Inter-
    pretation, in: American Historical Review 98 (1993),
    S. 1399–1423.
    Auch David Brion Davis spricht vom »astonishing para-
    dox that the first nations in the world to free themselves

of chattel slavery – such nations as England, France,
Holland, and even the Scandinavian States – became
leaders during the seventeenth and eighteenth centuries
in supporting plantation colonies based on African
slave labor«. Vgl. D. B. Davis, Looking at Slavery from
Broader Perspectives, in: American Historical Review
105 (2000), S. 452–466, hier S. 458.
Von Reinhard selbst das Kapitel über Sklaverei in der
bevorstehenden Neuauflage seiner »Geschichte der
europäischen Expansion«, ursprünglich 4 Bde.,
Stuttgart 1983–90.

21 Zum Folgenden John Francis Maxwell, Slavery and
the Catholic Church. The history of Catholic teaching
concerning the moral legitimacy of the institution of
slavery. London 1975. (Die folgenden Zitate finden sich
dort auf den Seiten 57, 71, 69.)
Zu den inneren Spannungen in der spanischen Debatte
sehr hilfreich: Matthias Gillner, Bartolomé de Las Casas
und die Menschenrechte, in: Jahrbuch für Christliche
Sozialwissenschaften 39 (1998), S. 143–160. Der Artikel
beruht auf: Matthias Gillner, Bartolomé de Las Casas
und die Eroberung der indianischen Kolonien. Stuttgart 1997.

22 Thomas, a. a. O., S. 452.

23 ebd., S. 459.

24 Zum Folgenden Jon Butler, Awash in a Sea of Faith.
Christianizing the American People. Cambridge, Mass.

1990, Kap. 5 (»Slavery and the African Spiritual Holo-
caust«), S. 129–163.
Außerdem Albert J. Raboteau, Slave Religion. The
»Invisible Institution« in the Antebellum South.
Oxford 1978.

25 Als Überblick: William Clarence-Smith, Religions and
the abolition of slavery – a comparative approach.
http://ww.lse.ac.uk/economicHistory/Research/
GEHN/GEHNPDF/Confio_ClarenceSmith.pdf.
Nicht speziell zur Sklaverei, aber grundsätzlich
weiterführend: Dieter Senghaas, Zivilisierung wider
Willen. Der Konflikt der Kulturen mit sich selbst.
Frankfurt/Main 1998.

26 Jacques Jomier, Pour connaître l'Islam. Paris 1988, S. 102
(zitiert nach Clarence-Smith, a. a. O.).

27 Zur Erklärung einer solchen »moralischen Mobilisie-
rung« vgl. Joas, Sakralität, a. a. O., S. 132–146.
Mit der Herausbildung eines Musters solcher Mobilisierungen im Kontext der europäischen Expansion
beschäftigt sich Peter Stamatov, Activist Religion,
Empire, and the Emergence of Modern Long-Distance
Advocavy Networks, in: American Sociological Review
75 (2010), S. 607–628.

28 Edward Baptist, The Half Has Never Been Told: Slavery
and the Making of American Capitalism. New York
2014, z. B. S. 57.

29 Douglas A. Blackmon, Slavery by Another Name. The

Re-Enslavement of Black Americans from the Civil
War to World War II. New York 2008.

30 Manfred Berg, Lynchjustiz in den USA. Hamburg 2014;
Silvan Niedermeier, Rassismus und Bürgerrechte. Polizeifolter im Süden der USA 1930–1955. Hamburg 2014.

31 Andreas Eckert, Rechtfertigung und Legitimation von
Kolonialismus, in: Aus Politik und Zeitgeschichte 62
(2012), Nr. 44/45, S. 17–22, hier S. 19.

32 Adam Hochschild, Schatten über dem Kongo. Die
Geschichte eines der großen, fast vergessenen Mensch-
heitsverbrechen. Stuttgart 2009.

33 Jürgen Osterhammel, »The Great Work of Uplifting
Mankind«. Zivilisierungsmission und Moderne, in:
Boris Barth / Jürgen Osterhammel (Hg.), Zivilisie-
rungsmissionen. Imperiale Weltverbesserung seit
dem 18. Jahrhundert. Konstanz 2005, S. 363–425,
hier S. 407.

34 Aus der Literatur vgl. Edward Peters, Folter. Geschichte
der Peinlichen Befragung. Hamburg 1991.

35 Wolfgang Knöbl, Imperiale Herrschaft und Gewalt, in:
Mittelweg 36, 21 (2012), S. 19–44, hier S. 36.
Das umfassendste Kompendium zu den Opfern des
Kolonialismus ist: Marc Ferro (Hg.), Le livre noir du
colonialisme. XVIᵉ – XXIᵉ siècle: de l'extermination
à la repentance. Paris 2003.

36 Dierk Walter, Warum Kolonialkrieg?, in: Thoralf Klein /
Frank Schumacher (Hg.), Kolonialkriege. Militärische

Gewalt im Zeichen des Imperialismus. Hamburg 2006,
S. 14–43, hier S. 24.
Der Verfasser hat seine Darstellung jetzt breit ausge-
abeitet in: Dierk Walter, Organisierte Gewalt in der
europäischen Expansion. Gestalt und Logik des Impe-
rialkrieges. Hamburg 2014.

37 So Marnia Lazreg, Torture and the Twilight of Empire.
Princeton 2008, S. 7.

38 Fabian Klose, Menschenrechte im Schatten kolonialer
Gewalt. Die Dekolonisierungskriege in Kenia und
Algerien 1945–1962. München 2009, S. 109.

39 Klose, a. a. O., S. 292 unter Bezug auf John Hargreaves,
Decolonization in Africa. London 1994, S. 107 f.

40 Daniel Bogner, Das Recht des Politischen. Ein neuer
Begriff der Menschenrechte. Bielefeld 2014.

41 Caroline Elkins, Imperial Reckoning. The Untold Story
of Britain's Gulag in Kenya. New York 2005.

42 »Britain to Compensate Kenyan Victims of Colonial-
Era Torture«, in: New York Times (7th June 2013),
S. A 8.

43 Joas, Sakralität, a. a. O., S. 265–281.

44 Vgl. zu meiner Darstellung: Joas, Sakralität, a. a. O.,
S. 271–276, und
Mary Ann Glendon, A World Made New. Eleanor
Roosevelt and the Universal Declaration of Human
Rights. New York 2001, S. 77 f.

45 Vgl. z. B. Susan Waltz, Universalizing Human Rights:

The Role of Small States in the Construction of the Universal Declaration of Human Rights, in: Human Rights Quarterly 23 (2001), S. 44–72.

46 Vgl. das Kapitel »Menschenrechte in der Dekolonisierung« bei Eckel, a. a. O., S. 260–339, hier S. 261 f. Zur Rolle internationaler Mobilisierungen: Jean H. Quataert, Advocating Dignity. Human Rights Mobilizations in Global Politics. Philadelphia 2009.

47 Eine ähnlich gerichtete exzellente Revision konventioneller Ansichten zur europäischen Rechtsgeschichte bei: Thomas Duve, Von der Europäischen Rechtsgeschichte zu einer Rechtsgeschichte Europas in globalhistorischer Perspektive, in: Rechtsgeschichte. Zeitschrift des Max-Planck-Instituts für europäische Rechtsgeschichte 20 (2012), S. 18–71.

48 Mein eigener Versuch, die kulturellen Werte Europas – nicht des »Westens« – genauer zu bestimmen und dabei von Totalitarismus und Kolonialismus nicht abzusehen, findet sich in meiner Einleitung zu Hans Joas / Klaus Wiegandt (Hg.), Die kulturellen Werte Europas. Frankfurt / Main 2005, S. 11–39 (sowie in der Komposition des genannten Bandes).

49 Hans Joas, Ist die Menschenwürde noch unser oberster Wert?, in: Die Zeit, 7. Juni 2013 (Beilage Philosophie), S. 10–11, jetzt auch in: Die Zeit (Hg.), Wie soll ich leben? Philosophen der Gegenwart geben Antwort. München 2014, S. 43–49.

Verlagsgruppe Random House FSC® N001967
Das für dieses Buch verwendete FSC®-zertifizierte
Papier *Munken Premium Cream* liefert Arctic Paper
Munkedals AB, Schweden.

www.koesel.de